LB 56
1347

NAPOLÉON III

ET

LA LIBERTÉ

PARIS
E. DENTU, LIBRAIRE-ÉDITEUR
PALAIS-ROYAL, 17 ET 19, GALERIE D'ORLÉANS

1863

Tous droits réservés

NAPOLÉON III

ET

LA LIBERTÉ

OU EN SOMMES-NOUS? QUE VOULONS-NOUS?

Il vient un moment où les questions, à force d'être mûres, ne sont même plus des questions, où la vérité rayonne, où tous les bons esprits semblent devoir être d'accord.

Napoléon est l'élu du peuple français ; il l'est aujourd'hui comme au premier jour, et personne ne peut concevoir à ce sujet ni crainte, ni illusion.

Pourquoi cela? Bien des choses ne s'expliquent pas en politique ; mais il faudrait fermer les yeux pour ne pas voir la cause du triomphe de ce qu'on appelle l'idée napoléonienne.

Napoléon règne parce que la France est monarchique, parce que la France actuelle est née en 1789, et qu'elle n'acceptera jamais un roi qui ait une origine différente.

Et puis il y a au fond de notre nature française, comme

dans notre langue même, quelque chose de vif et d'emporté qui fait que nous voulons que le résultat réponde rapidement à l'idée, comme l'attribut répond au sujet. La concentration des forces publiques dans une capitale et du pouvoir dans une seule main, en simplifiant les moyens d'action et en facilitant la prompte exécution des projets, donne une ample satisfaction à ces besoins presque instinctifs de notre *furie gauloise.*

Les autres peuples se moquent de nous, et ils ont quelquefois raison. Mais que voulez-vous ? N'est-ce pas notre destinée d'aller de l'avant, d'aller vite et de marcher en tête de tout le monde, d'honorer le libre-échange qui nuit momentanément à notre commerce, de faire une campagne de Crimée au profit de la marine anglaise, et de constituer à côté de nous, au prix de notre sang et de notre argent, une grande nation qui sera peut-être un danger pour nos frontières du Sud-Est?

Bêtise française, disent les habiles. Mais Jacques Bonhomme comprend la politique à sa manière ; il croit avec sa grande âme que la meilleure politique, c'est de protéger le bon droit.

Ça été la gloire de Napoléon III d'avoir su trouver ce qui convenait si bien au cœur des masses populaires, et d'avoir devancé, de sa puissante initiative, les votes des grands corps politiques.

Aussi, voyez, que de raisons pour crier : Vive l'Empereur !

La France a battu les Russes et les Autrichiens, déchiré les traités de 1815, détruit la Sainte-Alliance, imposé à la Russie le respect du droit des nations, imposé à l'Autriche et à l'Europe le respect du droit des peuples, agrandi son territoire de deux provinces, accompli dans l'ordre économique une révolution du premier ordre au nom du progrès et de la liberté enfin, la France glorieuse au dehors, s'enrichit à l'intérieur au moyen d'une industrie et d'un commerce de plus en plus prospères ; l'agriculture, partout encouragée et honorée, a pris, dans les intérêts généraux du pays, la place importante qui lui appartient.

Tout cela s'est fait, il faut bien le reconnaître, avec le pouvoir d'un seul homme et par des décrets : le Sénat et le Corps législatif, en s'associant généreusement à l'œuvre du chef, n'ont fait que ratifier des événements accomplis.

Donc la France monarchique est contente d'avoir trouvé un chef qui a pu si vite traduire en faits glorieux des aspirations jusque-là incomprises ou méconnues.

Mais ce n'est pas tout : jamais rien de grand ne s'est fondé sans de périlleuses épreuves, et c'est le propre des choses humaines de n'arriver au but que par le tâtonnement et l'effort.

Sans doute tout le monde est content ; mais il y a pourtant dans l'air je ne sais quelle vague préoccupation qui atteint jusqu'au pouvoir. Il semble que tout le monde se dise : c'est très-bien ; mais ce très-bien n'est que provisoire, et le très-bien peut être remplacé par le mieux qui serait un très-bien définitif.

Si les hommes étaient parfaits, un peuple se passerait aisément de lois et de gouvernement. Si le monarque lui-même était à l'abri de l'erreur, les garanties constitutionnelles deviendraient une superfétation. L'Empereur serait alors le représentant de Dieu sur la terre, et il présiderait, avec une infaillible majesté, à l'harmonie des choses sociales, comme la divinité, dans le concert céleste, dirige les mondes et les soleils.

Mais les hommes ne sont pas parfaits, et un empereur, quelque grand qu'il soit, ne peut non plus être parfait, parce qu'il est homme.

Napoléon Ier s'est trompé bien souvent, et la France, complice de ses fautes, les a payées comme lui. A la vérité, cette communauté de malheurs, en voilant de tristesse les souvenirs de triomphe et de gloire, a fait pénétrer davantage, dans le cœur du peuple, le nom du grand Empereur qui est demeuré le héros légendaire d'une épopée nationale. Mais un pays ne supporte pas deux fois de pareilles épreuves, et les enseignements du passé ne doivent pas être perdus.

Pourquoi Napoléon III ne se tromperait-il pas comme son oncle ? — Quand on est placé si haut, avec l'immensité devant soi, n'ayant pour juges que Dieu et la postérité, dont les arrêts quoique infaillibles sont souvent tardifs, on peut être pris de vertige et chanceler. La foule comprend cela, sans bien s'en rendre compte, et déjà on cite, dans la politique générale, certaines décisions que l'opinion publique n'a pas ratifiées. Les expéditions lointaines séduisent l'imagination ; mais bientôt le bon sens proteste, et on se dit que c'est le défaut des grandes intelligences de traiter quelquefois trop largement les questions et de ne pas assez se préoccuper de ces intérêts prosaïques et nécessaires qui se mêlent à toutes les choses de la politique. Bref, l'expédition du Mexique n'est pas populaire, et chacun avoue que la France n'avait pas besoin d'une gloire si difficilement conquise et si chèrement payée. On comprend ainsi que, quelque confiance qu'on ait dans un homme, il est bon quelquefois de veiller à ses propres affaires, et que le pouvoir gagne lui-même à être un peu contenu. On soulève bien encore d'autres critiques : les finances, traitées aussi un peu trop largement, exigeraient un contrôle plus sérieux; certains gros emplois et certaines pompes ne paraissent guère convenir à nos mœurs populaires ; on se plaint d'un contingent militaire qui surcharge notre budget et enlève à l'agriculture les meilleurs bras. Mais passons et hâtons-nous de conclure, en résumant tout ce que nous venons de dire, que la France est en ce moment dominée par un double besoin : elle veut la monarchie avec Napoléon III, mais elle désire qu'on ne la conduise pas hors de ce qu'elle croit être ses intérêts, et pour cela elle sent qu'elle doit parler, parce qu'elle a la conviction que le pouvoir l'écoutera.

Les publicistes disent : C'est là le réveil de la liberté. Nous ajoutons : C'est plus que cela encore, c'est le réveil de la raison et de la logique; c'est la force même des choses qui triomphe et demande qu'on lui obéisse.

Nous rencontrons tous les jours des hommes qui prennent la défense du pouvoir despotique. Vous croyez peut-être que ce sont des disciples de de Maistre ou des partisans du droit divin. Détrompez-vous : ces hommes se disent dévoués à Napoléon, à la souveraineté populaire et au suffrage universel. Vous riez? — Écoutez plutôt le petit dialogue suivant :

« — Le régime représentatif est détestable, parce qu'il
« permet à toutes les influences, à toutes les ambitions, aux
« opinions les plus divergentes, de se produire. Comment vou-
« lez-vous qu'au milieu de la lutte et de la confusion des idées,
« le pouvoir suive une bonne et saine direction. Un roi agis-
« sant tout seul et pénétré des vrais intérêts du pays fait plus
« vite et mieux.

« — D'accord ; mais si le roi se trompe ?

« — Un roi se trompe rarement, et dût-il se tromper, son
« erreur serait moins dangereuse que la discussion.

« — Mais s'il meurt ?

« — Il est remplacé par son héritier.

« — Mais si cet héritier ne sait pas gouverner l'État ?

« — On le remplacera par un homme plus habile.

« — Qui, *on ?*

« — Eh bien ! le peuple, le suffrage universel.

« — Mais si le suffrage universel n'est pas consulté ?

« — Alors le peuple reprendra son autorité de vive force
« et renversera le souverain.

« — C'est alors une révolution.

« — Sans doute.

« — Vous êtes donc un révolutionnaire, et je vous croyais
« un homme d'ordre ?

« — Mais je suis toujours un homme d'ordre, à la condi-
« tion que le pouvoir fasse toujours ce que je veux. »

Le dialogue tourne à la confusion de notre interlocuteur ;
mais cela lui est indifférent, et il ne s'avoue point battu. Il y a
tant d'hommes qui considèrent le raisonnement comme une

pure affaire de rhétorique sans influence sur la détermination intérieure ou la volonté. Pauvres esprits, vivant au jour le jour, avec les intérêts et les passions du moment; pour eux la vie n'a point d'horizons, l'histoire ne révèle pas de lumineuses vérités! Ils ne sentent pas que la plus grande noblesse de l'homme, c'est de pouvoir s'élever au-dessus des misérables besoins de notre nature matérielle, pour chercher avec l'énergie de la liberté morale et avec la raison les voies que la Providence a ouvertes devant nous.

Napoléon III n'est pas disposé à tenir la raison en pareil mépris; il sait qu'elle a des droits imprescriptibles, et que la force sans la raison est une véritable révolte contre l'ordre moral. Thiers a dit, dans le dernier volume de son *Histoire*, en parlant des idées libérales de Napoléon Ier avant Waterloo : « J'ai foi dans le génie; la haute intelligence du grand « organisateur devait lui faire comprendre que rien n'est du-« rable sans la liberté. » Napoléon III a dû comprendre, comme son oncle, qu'un homme ne peut être à lui seul toute une époque, toute une société, toute une nation. Ne s'est-il pas déjà trouvé aux prises avec des questions si grandes que sa responsabilité s'en est effrayée? Ne voit-on pas qu'il attend de la volonté du pays la solution de problèmes que son initiative a posés devant la conscience de tous?

C'est lui-même qui a provoqué les débats parlementaires de l'Adresse, et fait rentrer le budget dans une voie plus légale; c'est encore un décret impérial qui a donné aux conseils de préfecture la publicité jusque-là réservée aux audiences des tribunaux civils. Croyez-vous que l'Empereur, les yeux fixés sur l'avenir, ne voie pas tous les dangers que les temps et les événements contiennent pour notre État politique et social. — Ne sent-il pas, avec ses entrailles de père, que les dévouements les plus précieux ne sont pas ceux qui s'attachent à l'énergie de son autorité personnelle, mais ceux qui cherchent dans son nom et dans sa race un gage d'ordre et de sécurité ?

Pourquoi donc l'Empereur ne donne-t-il pas ce qu'il appelle le couronnement de l'édifice ?

Il est de la nature du pouvoir de ne faire qu'à la dernière extrémité les concessions qui l'amoindrissent. Le pouvoir croit toujours avoir raison, et c'est là son excuse ; il veut bien qu'on le discute, mais à la condition qu'on finisse par dire comme lui. Il parle de liberté, parce qu'il sait que ce nom est doux à l'oreille des peuples, et que les hommes aiment qu'on prononce devant eux certains mots, même quand ils n'ont plus la chose. Mais ne croyez pas pour cela que le pouvoir cherche à nous tromper ! Il est de bonne foi ; la liberté est son idéal, et il est le premier la dupe de ses illusions. D'ailleurs, les prétextes ne manquent guère pour les ajournements.

On met en avant le nom des *anciens partis*, et on se sert de ce nom comme d'un épouvantail.

Nous ne sommes plus au lendemain de 1848 ; les Croquemitaines ne sont plus de mode : il faut changer de langage.

Savez-vous bien ce que sont devenus ce que vous appelez les *anciens partis ?*

Pendant que le silence se faisait autour du pouvoir, ils se sont peu à peu rapprochés, et, se comprenant mieux, ils ont fini par s'estimer. Ils ont remarqué bientôt que les grandes querelles d'autrefois n'étaient le plus souvent que des querelles de mot, et un publiciste a pu dire : « Je ne vois plus très-bien « quelle différence existe au fond entre les idées de Berryer, « celles de Thiers ou celles du général Cavaignac. » En effet, ces trois hommes ne sont-ils pas avant tout des hommes de progrès, d'ordre et de liberté? Qu'importe la forme, quand nous sommes d'accord sur le fond même des choses et sur ces grands principes qui forment la base de nos sociétés modernes?

Il est sorti de cette fusion des esprits un besoin de tolérance et de conciliation qui s'étend à tout, aux hommes, aux choses et aux idées. Chacun sent que la violence n'a jamais rien créé de durable ; et, tout en blâmant certains écarts, on respecte le principe même du pouvoir, et on rend justice à ses intentions. La raison sait que le monde lui appartient et qu'elle peut attendre, parce qu'elle est éternelle.

Quel danger sérieux menace donc le pouvoir?

Le danger, il est dans son propre sein, dans ses imprudents ou ses faux amis.

Sans doute, certains noms de partis subsistent encore. Il est des fidélités de cœur qui ne se discutent pas, des traditions de famille qu'on accepte comme de vieux portraits. On rencontre aussi des esprits absolus qui traitent l'humanité comme un problème mathématique et qui ne veulent tenir compte ni des races, ni des époques, ni des pays. Mais que font ces exceptions sur le mouvement général des intelligences et sur le travail de l'opinion publique?

Que le pouvoir se défie plutôt de ces idolâtries intéressées qui ne savent garder ni mesure ni pudeur, de ces hommages de circonstance dont l'expression hyperbolique est autant une offense à la langue qu'à la dignité du citoyen. Il y a, dans tous les partis, des hommes qui sont plus royalistes que le roi, et qui, le plus souvent dépourvus de mérite et de conviction, poussent tout à l'extrême, avec la pensée d'écarter les esprits raisonnables dont ils redoutent la salutaire influence. Que d'intrigants de bas étage ont escaladé de bonnes positions en faisant un peu de bruit et en créant à l'autorité d'inutiles embarras !

De pareils succès obtenus par la violente manifestation d'un dévouement trop exagéré pour être sincère, offensent la pudeur publique et soulèvent des défiances qu'il est ensuite bien difficile de calmer. Ne sait-on pas qu'il en est du dévouement politique comme de l'amitié, que tout sentiment n'est solide qu'autant qu'il repose sur la raison?

Napoléon III et ceux qui l'approchent ont dû méditer sur toutes ces choses. Pourquoi voyons-nous encore, de temps à autre, des circulaires ministérielles qui semblent un contre-sens avec l'état des esprits et affligent tous les amis de l'ordre et de la conciliation?

C'est qu'il y a comme une sorte de malentendu entre le gouvernement et le pays. Nous nous agitons dans un véritable cercle vicieux.

Napoléon III, plein de confiance dans sa popularité et dans son origine nationale, fort de ses intentions et de sa conscience, hésite devant certaines résolutions. Il paraît redouter que de trop grandes concessions, exploitées par des mains ennemies, ne soient bientôt tournées contre le principe même de son autorité et contre sa dynastie.

D'un autre côté, devant l'attitude du pouvoir et des promesses si lentement réalisées, plus d'un citoyen se tient sur l'expectative, écoute les propos malveillants de ceux qui disent que le nom de Napoléon est le symbole d'une démocratie despotique, craint de livrer sa foi et sa personne à un gouvernement qui, de son propre aveu, ne s'est encore accommodé que du provisoire et n'a pas voulu s'asseoir définitivement sur les larges bases de la liberté.

La position peut rester longtemps ainsi. Qui fera le premier pas ?

Évidemment, c'est au pouvoir, puisqu'il se dit le représentant de la France, à tendre les bras à tout le monde en faisant un appel loyal à tous les hommes de bonne volonté. La discussion ne tue que ce qui doit périr ; elle donne une plus grande force à ce qui est né viable. L'opposition la plus redoutable est l'opposition muette, parce que, se défiant de tout, elle tourne tout à mal. Des hommes intelligents qui traitent un sujet sans parti pris, finissent toujours par s'entendre sur les choses essentielles, et s'ils se séparent par quelque endroit, ils ne s'en estiment pas moins, parce qu'ils ont pu apprécier leur mutuelle bonne foi.

Est-ce que nous ne sommes pas tous de la même école ? Est-ce que nous n'avons pas tous en vue la gloire et le bonheur de la patrie ? Est-il une seule personne en France qui considère le pouvoir autrement que comme une magistrature suprême, créée, non dans l'intérêt de celui qui l'exerce, mais dans l'intérêt de la nation à laquelle le souverain est lié par des devoirs d'un ordre supérieur, et des lois dont il est le premier gardien ?

Mais si nous voulons que la confiance du pouvoir vienne jusqu'à nous, il ne faut de notre part ni arrière-pensées, ni réticences. Sachons tenir compte de tout ce qui est bien, de tout ce qui est un pas vers la liberté. Ayons le courage d'applaudir à propos, et rappelons-nous bien que c'est le propre d'un esprit orgueilleux et petit, de vivre avec de mesquines rancunes et de ne pas vouloir accepter de la main d'autrui ce qui est vrai et juste.

Qu'est-ce que cela nous fait, après tout ? Est-ce que l'intérêt de la patrie ne domine pas toutes choses ? N'avons-nous pas tous, aussi bien que le souverain, mission de veiller à la prospérité de notre pays ?

Voyons donc de haut, nous qui nous disons des hommes de raison et de justice. Nous exigeons du pouvoir la franchise et la confiance : apportons-lui la paix et la sécurité.

Nous avons tous notre éducation à faire : cette éducation se fera plus sûrement en commun, en mêlant nos forces et en cherchant à nous éclairer mutuellement.

Résumons-nous en finissant :

Napoléon règne au nom de la Révolution dont la France et sa race sont issues, au nom du principe monarchique qui seul paraît convenir aux besoins et aux idées de notre pays.

Le pouvoir ne peut vivre qu'avec le concours de l'opinion publique et avec la liberté.

— 15 —

Il faut donc, dans l'intérêt de la France, que le pouvoir et la liberté s'arrangent pour agir ensemble.

C'est aux hommes de bonne volonté, c'est au gouvernement lui-même à travailler à la fusion de ces deux éléments sans lesquels il n'y a point de société possible.

FIN

Paris.—Imprimerie de L. TINTERLIN et Cᵉ, rue Neuve-des-Bons-Enfants, 3

www.ingramcontent.com/pod-product-compliance
Lightning Source LLC
Chambersburg PA
CBHW070435080426
42450CB00031B/2661